निवेश की पहली किताब !!!

द आर्या

Copyright © The Arya
All Rights Reserved.

|| ॐ || माँ ||

यह किताब मेरे माँ और पिताजी को समर्पित है, जो मेरे लिए भगवान से भी बढ़कर हैं।

लव यू मॉम एंड डैड।

क्रम-सूची

प्रस्तावना — vii

भूमिका — ix

पावती (स्वीकृति) — xi

आमुख — xiii

1. निवेश का पहला सबक — 1

2. निवेश कहां करें — 5

3. Fifi (फिक्स्ड इनकम फाइनेंशियल इंस्ट्रूमेंट्स) — 9

4. इक्विटी - शेयर बाजार — 12

5. रियल एस्टेट — 16

6. धातु — 18

7. म्यूचुअल फंड — 20

8. यहां खोजें कि आपकी क्षमता के लिए आपके लिए सबसे अच्छा विकल्प कौन सा है — 23

9. सर्वश्रेष्ठ म्यूचुअल फंड योजना कैसे चुनें — 29

10. शेयर बाजार - निवेश के प्रकार — 31

11. लंबी अवधि का निवेश — 35

12. मूल्य निवेश — 37

13. जांच सूची — 42

धन्यवाद — 45

प्रस्तावना

यदि आप वास्तव में अपने जीवन में अपने पैसे से कुछ करना चाहते हैं, तो पहले इस पुस्तक को पढ़ें, यदि आप इस पुस्तक को पढ़ते हैं तो आपको धन, निवेश और वित्त के बारे में दूसरी पुस्तक पढ़ने की आवश्यकता नहीं है। और अगर आप पढ़ना चाहते हैं तो पहले इस किताब को पूरा करें और फिर दूसरी किताबें पढ़ें। ताकि आप स्पष्ट रूप से जान सकें कि आपको क्या करना है? आप अपने जीवन में क्या चाहते हैं? और आप कैसे चाहते हैं?

पैसा इस जमाने का राजा है, अगर पैसा नहीं है तो आप दुनिया के गुलाम हैं और अगर आपके पास पैसा है तो आप इस दुनिया के राजा हैं।

और इस समय आप पैसा कमा रहे हैं लेकिन आप बचत नहीं कर रहे हैं, आप इसे निवेश नहीं कर रहे हैं या आप पैसे को गुणा नहीं कर रहे हैं, तो आप बाद में दिवालिया होने वाले हैं।

यह किताब उन सभी लोगों के लिए है जो पैसा बचाना चाहते हैं, पैसा लगाना चाहते हैं या अपने पैसे को बढ़ाना चाहते हैं।

यह पुस्तक जीवन में एक बार सभी को अवश्य पढ़नी चाहिए, यह नए युग के अनुसार एक छोटी सी पुस्तक है, लेकिन इस पुस्तक के ज्ञान की तुलना न करें यह निवेश की पूर्ण बाइबिल है।

राजा...

भूमिका

यह पुस्तक मेरे द्वारा लिखी गई है क्योंकि जो ज्ञान मैंने पृथ्वी पर सीखा है, मैं यहां आने वाली पीढ़ी को सीखना चाहता हूं, जिससे मैंने अपने जीवन में समय बर्बाद किया और अपना जीवन स्वतंत्र रूप से नहीं जी सका, इससे आने वाली पीढ़ियां सहायता प्राप्त करें और ताकि वे स्वतंत्र रूप से अपना जीवन व्यतीत कर सकें।

पावती (स्वीकृति)

देखिए, मैंने जो कुछ साझा किया है, वह मैंने अपने अनुभव और कुछ पुस्तकों से सीखा है, इसलिए मैं अपने ज्ञान का पूरा श्रेय उन पुस्तकों और अपने अनुभव को देना चाहूंगा।

आमुख

नमस्ते

द आर्या

मैं दीपक आर्य रज (द आर्या के नाम से जाना जाता हूं) हूं। मैं
प्रशिक्षक और निवेशक हूँ।
लेकिन मैं यह किताब लिख रहा हूं, इसलिए अगर कोई गलती
आपको मिल जाए, तो कृपया मुझे क्षमा करें।
मैं आसान भाषा और स्पष्ट रूप में लिखने की पूरी कोशिश करूंगा,
जो आपको समझ आ पाए।

1

निवेश का पहला सबक

यदि आप किशोर हैं या अपने जीवन के 18 से 40 वर्ष के बीच हैं तो आप अपनी क्षमता के अनुसार इन मानदंडों के माध्यम से निवेश कर सकते हैं।

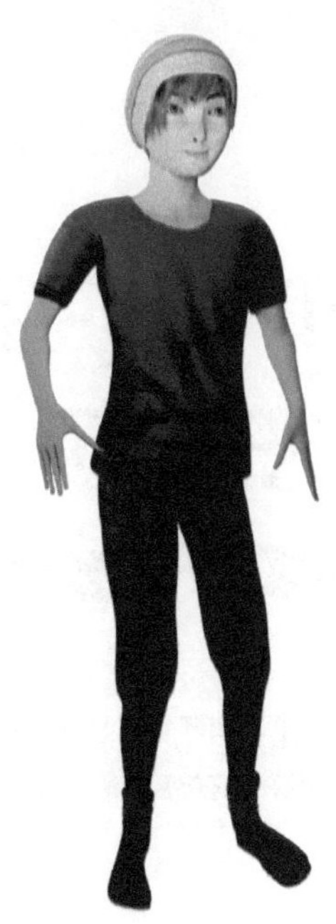

यहाँ कुछ उदाहरण है।

आपकी आय = 50 हजार प्रति माह

मूल खर्च/व्यय = रोटी, कपड़ा, मकान (चपाती, कपड़ा और घर) में 20 हजार रुपए

फिर आपका बचा लगभग = 30K लेकिन कुछ खर्च ऐसे भी हैं जैसे। बच्चों का खर्चा/स्कूल फीस आदि। इसमें आपने 10 हजार का भी खर्चा किया है तो 20 हजार ही बचा है।

तो, अब कहां निवेश करें।

मैं आपके साथ निवेश डेटा आपके अनुसार साझा कर रहा हु| संभावना। मान लो

बाकी 20 हज़ार = 100%

तो, इक्विटी में 70% निवेश करें

धातुओं में 10%

FII में 10% (फिक्स्ड इनकम इंस्ट्रूमेंट)

बाकी 10% अपने बैंक खाते में बचा कर रखें, जिससे आप अपनी इच्छा सूची को पूरा कर पाए और बीमारियाँ ऐसी चीज हैं जो बिन बुलाए या अचानक से आ जाती हैं, तो आप इसे उसके लिए भी बचा कर रख सकते हैं ताकि आपको अपने निवेश किए गए पैसे को मुसीबत के उस समय में तोडना न पड़े।

अगला 40 साल बाद के लोगों या सेवानिवृत व्यक्ति के लिए।

खर्च वही है लेकिन निवेश डेटा बदल गया है।

अब फिर से मान लो,

बचा 20 हज़ार = 100%

तो, FII में 70% निवेश करें

इक्विटी में 10%

धातुओं में 10%
और शेष 10% बैंक खाते में।
हम कैसे और क्यों आपके आयु वर्ग को आपकी क्षमता के अनुसार इस मार्ग पर चलने की सलाह दे रहे हैं। हम अगले अध्याय में जानेंगे।

2
निवेश कहां करें

इस अध्याय में, हम जोखिम और इनाम अनुपात के बारे में जानेंगे।

आइए पैसे के इन्वेस्टमेंट स्ट्रीम के बारे में बात करते हैं, कितने इन्वेस्टमेंट स्ट्रीम हैं? हम पैसा कहां निवेश कर सकते हैं?

मूल रूप से चार प्रकार की निवेश धाराएँ।

1. FIFI (फिक्स्ड इनकम फाइनेंशियल इंस्ट्रूमेंट्स)
2. इक्विटी या स्टॉक मार्केट
3. रियल एस्टेट
4. धातु

FIFI (फिक्स्ड इनकम फाइनेंशियल इंस्ट्रूमेंट्स)

यदि आपका पैसा इस स्ट्रीम में निवेश किया गया है, तो निश्चित रूप से आपको अपना पैसा डूबने का कोई डर नहीं है, क्योंकि आप इस पैसे को FD, RD (Fixed Deposit, Recurring Deposit) या बांड में निवेश करते हैं। जिससे आपका पैसा कुछ समय बाद प्राप्त होगा जो भी समय सीमा है उस समय आपका पैसा ब्याज राशि के साथ प्राप्त होगा, ब्याज राशि भी पहले से ही तय है या आप जानते हैं।

FIFI (फिक्स्ड इनकम फाइनेंशियल इंस्ट्रूमेंट्स) के प्रकार
1. बैंक FD
2. बैंक RD
3. बांड (सरकारी बांड, प्राइवेट बांड)

लेकिन इस स्ट्रीम में रिवॉर्ड रेशियो बहुत कम है लगभग 6 से 10% जैसा कि मुझे पता है।

शेयर बाजार

यदि आप इस स्ट्रीम में निवेश करते हैं तो आपको अपने चुने हुए शेयरों के अनुसार अपने निवेश पर कुछ जोखिम का सामना करना पड़ सकता

है। यह जोखिम आपके निवेश पर 10% से 100% तक हो सकता है, लेकिन आप इसे बहुत कम कर सकते हैं जैसा कि कई निवेशक करते हैं

उदहारण - वारेन बफेट, राकेश झुनझुन वाला, आदि|

शेयर बाजार एक प्रकार का बाजार है जहां आप स्टॉक खरीदते और बेचते हैं, जहां कंपनियां शेयरों को सूचीबद्ध करती हैं और हम उनके स्टॉक खरीदते हैं और उन कंपनियों के भागीदार बन जाते हैं।

जैसे ही कंपनियों को लाभ या हानि होती है, वैसे ही हम सभी खरीदार को भी लाभ या हानि भी होती है।

इस स्ट्रीम में रिवॉर्ड रेश्यो भी आपके रिस्क के हिसाब से समान होता है, लेकिन सामान्य तौर पर रिवॉर्ड रेशियो की बात करें तो इस स्ट्रीम में हमें लगभग 15 से 30% का प्रॉफिट मिलता है और कभी-कभी यह 40 से 50% तक बढ़ जाता है। लेकिन यह आपके स्टॉक की चयन प्रक्रिया पर निर्भर करता है। और इस स्ट्रीम में, आप चक्रवृद्धि ब्याज का लाभ उठा सकते हैं।

रियल एस्टेट

अगर आप इस स्ट्रीम में निवेश करते हैं। तो आप एक घर, दुकान, जमीन या किसी भी संपत्ति में निवेश करते हैं, जिसे आप खरीद-बिक्री और किराए पर देकर पैसा कमा सकते हैं, लेकिन जब आप संपत्ति के बारे में बात करते हैं, तो सबसे पहले इन कारकों में से कुछ की जांच करें, कैसे है संपत्ति? कहाँ है? क्या नजारा सही होगा? प्रवर्ति ठहराव क्षेत्र में नहीं है? यह ऐसी कई बातों पर निर्भर करता है और इसमें काफी पेंच भी शामिल होते हैं।

अगर रिस्क और रिवॉर्ड रेशियो की बात करें तो इस स्ट्रीम में रिस्क कुछ कम है लेकिन रिवॉर्ड भी कम है। रियल एस्टेट निवेश पर औसतन 10 साल का रिटर्न 10% रहा है। यह कई रियल एस्टेट अनुसंधान फर्मों द्वारा प्रकाशित रिपोर्टों पर आधारित है, जिसमें भारत के नौ सबसे बड़े शहरों से रिटर्न की तुलना की गई है।

धातुओं

इस धारा में आप अपना पैसा सोने, चांदी और कुछ उच्च मूल्य के गहनों आदि में निवेश करते हैं या आप सोने और चांदी के शेयरों में भी निवेश कर सकते हैं, लेकिन जब आप सोने और चांदी के गहनों में निवेश करते हैं, तो ठीक है, लेकिन बहुत ज्यादा निवेश करना नुकसानदायक हो सकता है क्योंकि आज के समय में आपने हमेशा सुना होगा कि किसी का चैन काटा गया है, किसी को लूटा गया है,

दिखावा दिखाना कुछ इस तरह उन सभी के लिए दावत का एक प्रकार है। तो बात करते हैं रिस्क और रिवॉर्ड रेशियो की तो इस स्ट्रीम में रिस्क भी कम होता है लेकिन रिवॉर्ड की बात करें तो पिछले 40 सालों में सोने ने औसतन 9% का सालाना रिटर्न दिया है। मेरी जानकारी के अनुसार।

आइए इन धाराओं के बारे में स्पष्ट-स्पष्ट रूप से जानते हैं और कैसे अगले अध्याय में इन धाराओं में निवेश करने के लिए।

3

FIFI (फिक्स्ड इनकम फाइनेंशियल इंस्ट्रूमेंट्स)

जैसा कि हमने FIFI के बारे में दूसरे अध्याय में पढ़ा, इसमें तीन तरह के निवेश होते हैं।

FD

इसमें कुछ समय के लिए हम अपना पैसा किसी बैंक या *NBFC* में फिक्स कर देते हैं। जिससे बैंक हमें नियमित बचत खाते की तुलना में अधिक ब्याज दर का भुगतान करता है, और समय समाप्त होने पर इसे वापस ले सकते है।

अभी, भारत में FD की ब्याज दर लगभग 2% से 7% ही है। यह आपके बैंक पर निर्भर करता है।

& FD की योजना सभी बैंकों द्वारा दी जाती है

RD

इसमें हम अपना पैसा एक निश्चित राशि के साथ किसी बैंक या NBFC में कुछ समय के लिए मासिक, त्रैमासिक, अर्ध वार्षिक या वार्षिक आधार पर लगाते हैं, जिसके कारण बैंक हमें नियमित बचत खाते की तुलना में अधिक ब्याज दर देता है और समय सीमा के अंत में, हमें ब्याज के साथ हमारा कुल पैसा मिलता है। इसलिए हम इसे एक आवर्ती योजना/जमा कहते हैं

अभी, भारत में RD ब्याज दर केवल 4% से 9% के आसपास है। यह आपके बैंक पर निर्भर करता है।

& RD योजना सभी बैंकों द्वारा पेश की जाती है।

Bonds

एक बांड एक निश्चित आय का साधन है जो एक निवेशक द्वारा एक उधारकर्ता (आमतौर पर कॉर्पोरेट या सरकार) को दिए गए ऋण का प्रतिनिधित्व करता है। ऋण और उसके भुगतान के विवरण सहित ऋणदाता और उधारकर्ता के बीच एक बांड को I.O.U के रूप में माना जा सकता है।

मूल रूप से, कंपनियों या सरकारी कंपनियों या सरकार द्वारा एक बॉन्ड बेचा जाता है, जिसके तहत हम अपने कुछ पैसे बॉन्ड में निवेश करते हैं, और कुछ वर्षों के बाद (यह त्रैमासिक या अर्धवार्षिक भी हो सकता है) हमें अपना पैसा ब्याज के साथ मिलता है।

बॉन्ड क्या है?

एक बांड एक प्रकार का ऋण है जो हम किसी भी कंपनी या सरकार को बांड के माध्यम से देते हैं और यह हमारे पैसे को निर्धारित समय सीमा के बाद ब्याज के साथ वापस कर देता है

भारत में बॉन्ड ब्याज दर लगभग 2% से 9% है। यह बांड कंपनियों के अनुसार अधिक कारकों पर निर्भर करता है।

हम अगले अध्याय में शेयर बाजार या इक्विटी के बारे में चर्चा करेंगे।

4

इक्विटी - शेयर बाजार

इक्विटी का मतलब स्टॉक मार्केट हैं

जब हम शेयरों के बारे में बात करते हैं, तो सबसे पहले हमारे दिमाग में यह आता है कि क्या हम शेयरों से पैसा कमा सकते हैं या यह सिर्फ एक जुआ की तरह है।

देखिए, शेयर बाजार को देखने का नजरिया सबके लिए अलग होता है, अगर आप इसे जुआ या सत्ता मानते हैं तो यह आपके लिए जुआ या सत्ता के समान है, लेकिन अगर आप इसे पैसा कमाने की जगह मानते हैं तो यह वास्तव में आपके लिए एक वर्कप्लेस है। लेकिन यह आप पर निर्भर करता है कि आप कैसा सोचते हैं क्योंकि वैसा ही होता है जो हम सोचते हैं।

आइए बात करते हैं, कैसे है यह जुआ?

मूल रूप से दो तरह के निवेशक शेयर बाजार में निवेश करते हैं।

1. खुदरा निवेशक
   2. संस्थागत निवेशक / मूल्य निवेशक

खुदरा निवेशक

एक खुदरा निवेशक एक ऐसा निवेशक होता है जिसे न तो ज्यादा ज्ञान होता है और न ही वह शेयर बाजार को ठीक से जानता है। यह निवेशक केवल बाजार में निवेश करके बाजार में उथल-पुथल पैदा करता है, यह केवल एक ही तरीका है (आयो सनम या जाओ सनम), जिसमें पैसा लगाया जाता है, अगर बाजार ऊपर जाता है तो खुदरा निवेशक कुछ कमा पाते हैं, अगर बाजार नीचे चला जाता है, तो सारा पैसा डूब जाता है, इसलिए लोग शेयर बाजार को जुआ के रूप में देखते हैं।

मूल्य निवेशक

ये वो निवेशक होते हैं जिन्हें शेयर बाजार की पूरी जानकारी होती है, और उनके पास काफी पैसा भी होता है, मूल रूप से उनका काम इतना ही होता है,खुदरा निवेशक के पैसे जितना और खुदरा निवेशक के सारे पैसे का मालिक होना या शेयर बाजार से पैसा कमाना।

कब एंट्री लेनी है, कब बाहर निकलना है, पैसा कैसे कमा पाऊंगा, आदि सब कुछ यह लोग जानते है। उनमें भी सबसे अधिक धैर्य इन्ही के पास होता है, जो उनके पैसे को कभी डूबने नहीं देता। आप इन्हें शेयर बाजार के मजे हुए खिलाड़ी कह सकते हैं।

लेकिन अगर हम खुदरा निवेशकों की बात करें तो उनमें जरा सा भी धैर्य नहीं होता, वे सोचते हैं कि मेरा पैसा दोगुना कैसे हो सकता है और मैं इस स्टॉक से कैसे बाहर निकल सकता हूं, इस चक्कर में वह अपनी पूरी

पूंजी डुबो देता है।

इस पर मुझे वारेन बफेट सर का एक उद्धरण याद आ रहा है। चलो जानते है।

"नियम नंबर 1 अपना पैसा कभी नहीं खोना है। नियम संख्या 2 नियम संख्या 1 को कभी नहीं भूलना है"

तो चलिए अब बात करते हैं कि हम शेयर बाजार से कितना प्रतिशत कमा सकते हैं।

तो इस पर मैं बस इतना ही कहूंगा कि आप चाहें तो शेयर बाजार से 0% से लेकर असीमित% तक लाभ कमा सकते हैं।

लेकिन Value Investor के हिसाब से आप लगभग 10% से लेकर 30/40% लंबी अवधि के निवेश पर सालाना रिटर्न कमा सकते हैं। इस पर भी मुझे एक उद्धरण याद आ रहा है की शेयर बाजार से हम कितना कमा सकते हैं।

"देखो, शेयर बाजार एक महासागर की तरह है, जहां दुनिया की सारी पैसे से प्यासी मछलियां यहां डुबकी लगाती हैं"

हम अगले अध्याय में रियल एस्टेट के बारे में चर्चा करेंगे।

5

रियल एस्टेट

रियल एस्टेट...

अचल संपत्ति वह संपत्ति है जिसमें भूमि और उस पर बनी इमारतें होती हैं, साथ ही इसके प्राकृतिक संसाधन जैसे फसलें, खनिज, या पानी; इस प्रकृति की अचल संपत्ति; इसमें निहित एक हित (भी) वास्तविक संपत्ति की एक वस्तु। (अधिक सामान्यतः) भवन या सामान्य रूप से आवास। कानून के संदर्भ में, वास्तविक भूमि संपत्ति के संबंध में है और व्यक्तिगत संपत्ति से अलग है जबकि संपत्ति का अर्थ उस भूमि संपत्ति में एक व्यक्ति का "हित" है। अचल संपत्ति व्यक्तिगत संपत्ति से अलग है, जो स्थायी रूप से जमीन से जुड़ी नहीं है, जैसे वाहन, नाव, गहने, फर्नीचर, उपकरण और एक खेत का चल स्टॉक। - विकिपीडिया के अनुसार

लेकिन अगर आप मेरी भाषा में जानना चाहते हैं। तो सुनिए

रियल एस्टेट देखें मूल रूप से जमीन, घर, दुकान आदि को खरीदना और बेचना या उससे पैसा कमाना रियल एस्टेट कहलाता है।

आजकल भारत में 80% लोग रियल एस्टेट ब्रोकर हैं, देखिए जिसको देखो वो रियल एस्टेट के बारे में बताते हैं, जमीन कहां ले, जमीन कैसा चाहिए या नहीं आदि।

इसीलिए आज भारत में भूमि/संपत्ति की दर इतनी अधिक है, यदि आप किसी भी भूमि के सरकारी मूल्यांकन की तुलना करते हैं, तो आप पाएंगे कि आप जिस भूमि की बात कर रहे हैं उसकी दर सरकारी दर से 2X/3X अधिक है।

ऐसा इसलिए क्योंकि यहां सिर्फ ब्रोकरेज चलता है। बस इतना ही।

अगर हम इसमें लाभ की बात करें तो आप नीचे दिए गए आंकड़े देख सकते हैं, लेकिन औसत 20% माना जा सकता है। लेकिन इस काम को करने के लिए आपके पास एक बड़ी रकम का होना नितांत आवश्यक है।

इंडिया प्राइवेट कॉर्पोरेट: आरबीई: रियल एस्टेट नेट प्रॉफिट मार्जिन डेटा तिमाही अपडेट किया जाता है, दिसंबर 2011 से दिसंबर 2018 तक औसतन 13.717%, 29 टिप्पणियों के साथ। मार्च 2016 में डेटा 34.900% के सर्वकालिक उच्च और दिसंबर 2017 में 5,300% के रिकॉर्ड निचले स्तर पर पहुंच गया।

अगले अध्याय में हम धातु पे विश्लन करेंगे|

6

धातु

कीमती धातुओं को खरीदकर पैसे कमाने के कई तरीके हैं। सोना और चांदी सबसे आसानी से उपलब्ध कीमती धातुओं में से हैं जिन्हें आप खुले बाजारों में खरीद और बेच सकते हैं, और आमतौर पर किसी भी अर्थव्यवस्था में यह उत्कृष्ट निवेश माना जाता है। लेकिन इसमें मैंने पहले ही बताया था कि इसमें थोड़ा रिस्क है।

इसमें आप दो तरह से निवेश कर सकते हैं

1. सोने या चांदी के गहने/वस्तुओं को खरीद करके
   2. सोने या चांदी की स्टॉक्स में निवेश करके

सोने या चांदी के गहने/वस्तुओं को खरीद करके

यह आसान है, आप अपनी पत्नी के लिए गहने बनवा सकते हैं और उन्हें उपहार में दे सकते है ताकि आपकी पत्नी खुश रहे और आप भी। देखिए, अगर आप सरल भाषा में बात करते हैं, तो आप खरीद सकते हैं

सोने या चांदी से बने गहने, पर भी बाजार जीडीपी/मूल्यांकन के अनुसार ही ब्याज बढ़ता रहता है।

सोने या चांदी की स्टॉक्स में निवेश करके

इसमें आप अपने पैसे को शेयर बाजार के माध्यम से सोने या चांदी में निवेश करते हैं, ताकि जैसे-जैसे सोने-चांदी की मांग बढ़ती है वैसे-वैसे आपके पैसे पर ब्याज/लाभ भी बढ़े।

आप चाहें तो कई धातुएं हैं जिनमें आप निवेश कर सकते हैं, लेकिन मैं सबसे लोकप्रिय धातुओं सोना और चांदी का उदाहरण देकर ही समझा रहा हूं।

अगले अध्याय में हम म्यूच्यूअल फण्ड के बारे में समझेंगे|

7

म्यूचुअल फंड

आप म्यूचुअल फंड को एक तरह से शेयर बाजार के रूप में समझ सकते हैं, लेकिन आप खुद शेयरों में निवेश करते हैं, लेकिन यहां आप अपने पैसे को एक सुशिक्षित बाजार शोधकर्ता/विश्लेषक के पास निवेश करते हैं।

हर म्यूचुअल फंड स्कीम में एक ऑपरेटिंग मैनेजर होता है जो आपके पैसे को स्टॉक, बॉन्ड आदि में निवेश करता है।

मूल रूप से। किसी भी म्यूच्यूअल फण्ड में निवेश करने के दो तरीके हैं

1. एसआईपी
2. एकमुश्त

SIP

SIP का अर्थ है - सिस्टमैटिक इन्वेस्टमेंट प्लान निवेशकों को दिया जाने वाला एक निवेश साधन है, जो उन्हें एकमुश्त के बजाय कुछ समय के लिए छोटी-छोटी मात्रा में निवेश करने की अनुमति देता है। निवेश की आवृति आमतौर पर साप्ताहिक, मासिक या त्रैमासिक, अर्धवार्षिक या

वार्षिक होती है ताकि आपका पैसा बढ़े और एकमुश्त हो जाए|

एकमुश्त

Lumpsum SIP के बिल्कुल विपरीत है, जहाँ आपको एक बार में एकमुश्त पैसा जमा करना होता है, जैसा कि हम FD में करते हैं, और इसमें आप जितना अधिक समय तक अपना पैसा रखेंगे, आपको उतना ही अधिक ब्याज मिलेगा।

मूल रूप से म्युचुअल फंड में निवेश के तरीके के अनुसार कई योजनाएं होती हैं लेकिन मैं तीन सबसे लोकप्रिय प्रकार की योजनाएं बता रहा हूं जिनमें ज्यादातर लोग निवेश करते हैं।

1. स्मॉल कैप म्युचुअल फंड
2. लार्ज कैप/ब्लू चिप म्युचुअल फंड
3. विविध म्युचुअल फंड

स्मॉल-कैप एमएफ

स्मॉल-कैप म्यूचुअल फंड का मतलब है कि यह म्यूचुअल फंड योजना उन छोटी कंपनियों को मिलाकर बनाई गई है, जिनका मार्केट कैप कम है या आपको लगता है कि यह उन शीर्ष छोटी कंपनियों को मिलाकर बनाई गई है, जिनकी बिक्री और लाभ और विकास अनुपात अच्छा है,

लार्ज कैप/ब्लू चिप एमएफ

लार्ज-कैप म्यूचुअल फंड का मतलब है कि यह म्यूचुअल फंड योजना उन बड़ी कंपनियों को मिलाकर बनाई गई है जिनका मार्केट कैप अधिक है या आपको लगता है कि यह उन शीर्ष उच्च मूल्य वाली कंपनियों को मिलाकर बनाई गई है जिनकी बिक्री और लाभ और विकास अनुपात अच्छा है।

विविध एमएफ

एक विविध म्यूचुअल फंड का मतलब है कि यह म्यूचुअल फंड योजना उन सभी कंपनियों से बनी है जो व्यापक रूप से कई बाजार क्षेत्रों, परिसंपत्तियों आदि में निवेश की जाती हैं। इसमें कई तरह की

प्रतिभूतियां होती हैं, जो अक्सर कई परिसंपत्ति वर्गों में होती हैं। इसका व्यापक बाजार विविधीकरण विशिष्ट को रोकने में मदद करता है

पूरे पोर्टफोलियो को प्रभावित करने से एक क्षेत्र में होने वाली घटनाएं। जब आप इन म्यूच्यूअल फण्ड में निवेश करते हैं तो आपका फंड मैनेजर योजना के अनुसार उन सभी शेयरों में आपका पैसा निवेश करता है।

म्युचुअल फंड में हमें कितनी ग्रोथ मिलती है, इसकी बात करें तो मैंने पहले कहा था कि यह एक शेयर बाजार की तरह है, इसमें भी आपको अपनी योजना के आधार पर लगभग 10 से 30/40% की चक्रवृद्धि वार्षिक वृद्धि मिलती है, और यदि आप देखें लॉन्ग टर्म में तो आपकी ग्रोथ 100% से अनलिमिटेड % तक के पैसे के हिसाब से आप कर सकते हैं।

अगले अध्याय में हम जानेगे की हमारी क्षमता के अनुसार हमारे लिए सबसे अच्छा निवेश का विकल्प कौन सा है|

8

यहां खोजें कि आपकी क्षमता के लिए आपके लिए सबसे अच्छा विकल्प कौन सा है

यहां मैं एक छोटा डेटा और पैराग्राफ साझा कर रहा हूं ताकि आप समझ सकें कि आपके लिए सबसे अच्छा विकल्प कौन सा है। आपके जोखिम और इनाम की क्षमता के अनुसार। इस शीट में, सभी डेटा को औसतन कैप्चर किया गया है।

Instruments	Risk	Reward	Min Need of amount
FIFI	0%	10%	Any
Equity	10%	20%	Any
Real Estate	20%	20%	More Money
Metals	5%	8%	Any

डेटा

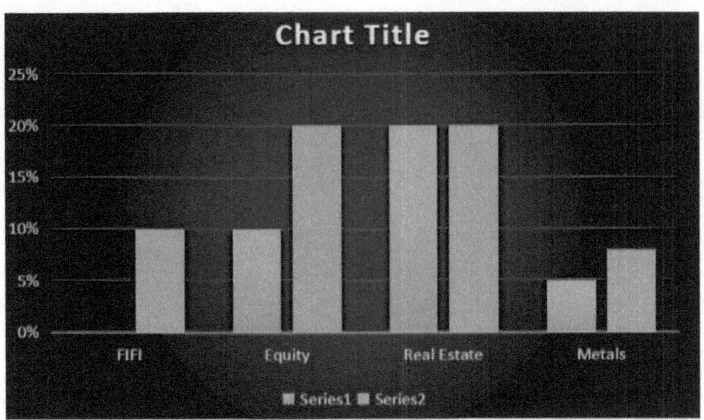

जोखिम नीले रंग में दिखाया गया है और लाभ नारंगी रंग में दिखाया गया है|

आइए बात करते हैं कि कंपाउंड इंट्रेस्ट पर कौन सी स्ट्रीम काम कर रही है या कौन सी स्ट्रीम सिंपल इंट्रेस्ट के साथ काम कर रही है।

FIFI - साधारण ब्याज पर काम करता है।

इक्विटी - यौगिक ब्याज पर काम करता है।

रियल एस्टेट - यह अधिक चीजों पर निर्भर करता है, आप इसको साधारण व्याज मान सकते है

धातु - यह भी बहुत सारी चीजे पे डिपेंड करता है, आप इसको भी साधारण व्याज मान सकते है

एक उदाहरण से समझते हैं, मान लीजिए मैं अभी जवान हूं और मेरी उम्र 30 साल है और मैं 20 साल और निवेश करना चाहता हूं, तो अगर मैं चारों धाराओं में 5000 रुपये निवेश करता हूं तो 20 साल बाद मुझे

कितना मिलेगा।
आइए तुलना करें...

FIFI

अगर आप 20 साल के लिए FIFI इंस्ट्रूमेंट में 5000 रुपये का निवेश करते हैं, तो आपके पास 20 साल बाद यह पैसा रहेगा|

Equity

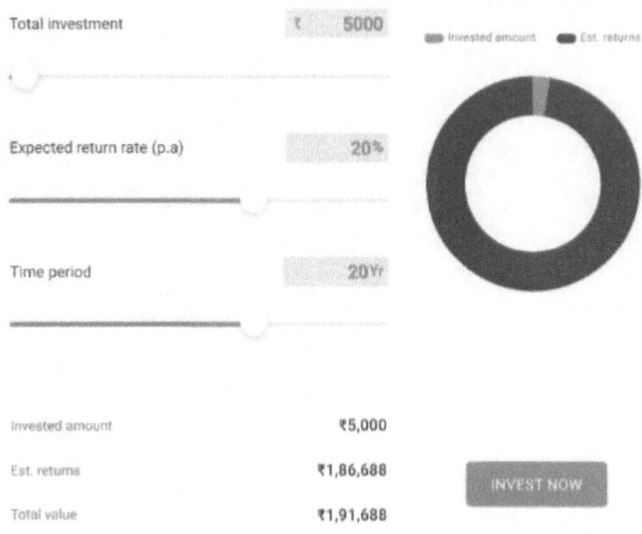

अगर आप 20 साल के लिए 5000 रुपये इक्विटी या म्यूच्यूअल फण्ड में निवेश करते हैं, तो आपके पास 20 साल बाद यह पैसा रहेगा|

रियल एस्टेट

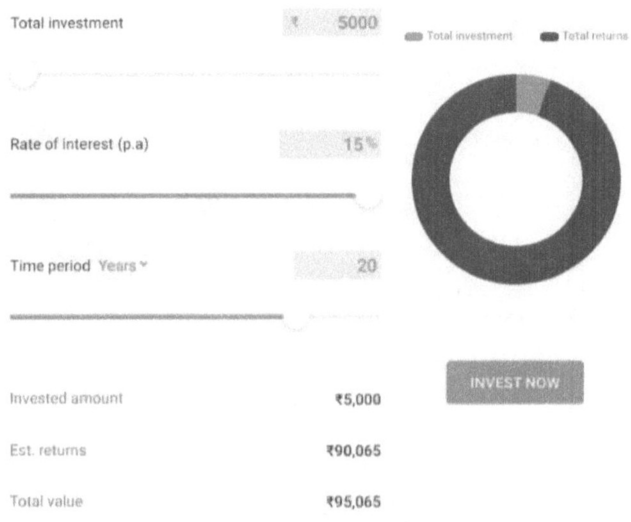

अगर आप 20 साल के लिए रियल एस्टेट में 5000 रुपये का निवेश करते हैं, तो आपके पास 20 साल के बाद यह पैसा रहेगा। लेकिन आप इस स्ट्रीम में निवेश करने के लिए 5000 रुपये का निवेश योग्य नहीं हैं।

धातु

अगर आप 20 साल के लिए सोने, चांदी या धातुओं में 5000 रुपये का निवेश करते हैं, तो आपके पास 20 साल बाद यह पैसा रहेगा।

तो मुझे आशा है कि आपको अपनी निवेश धारा मिल गई होगी। हम अगले अध्याय में जानेंगे की सबसे अच्छा म्यूच्यूअल फण्ड कैसे चुने।

9

सर्वश्रेष्ठ म्यूचुअल फंड योजना कैसे चुनें

सर्वश्रेष्ठ म्यूचुअल फंड योजना कैसे चुनें?

आइए समझते हैं मेरी भाषा में।

देखिए, सबसे पहले सबसे अच्छा म्यूच्यूअल फण्ड स्कीम चुनना है, फिर आप डायवर्सिफाइड म्यूच्यूअल फण्ड स्कीम का चुनाव करें ताकि आप किसी भी अर्थव्यवस्था में कमाई करते रहें/या आपका पैसा बढ़ता रहे।

क्या होता है कि जब हम लार्ज-कैप या स्मॉल-कैप वाला म्यूचुअल फंड चुनते हैं। तो किसी समय यह उच्च वेतन होगा या किसी समय यह बहुत कम होगा, क्योंकि किस समय, कौन बता सकता है कि उद्योग में कौन सा मुद्दा आएगा, इसलिए मेरा सुझाव है कि आप एक विविध म्यूचुअल फंड योजना चुनें ताकि यहां तक कि यदि कोई समस्या आये भी, तो आपका धन की वृद्धि करते रहे।

2nd. इसके बाद डायवर्सिफाइड म्यूचुअल फंड स्कीम में से हाई एयूएम (एसेट अंडर मैनेजमेंट) वाला म्यूचुअल फंड चुनें।

तीसरा। उसके बाद आप देखे कि इन म्यूच्यूअल फण्ड में से, किनका पूंजी आकार अधिक है, किस फंड में ज्यादातर लोग निवेश कर रहे हैं। वही चुनें।

चौथा। उसके बाद, आप पिछले प्रदर्शन के माध्यम से रिटर्न अनुपात की जांच करे।

5वां और अंतिम भी, जांचें कि सीईओ या फंड मैनेजर कौन है, क्या वह अच्छी तरह से पढ़ा लिखा है या नहीं, उसकी प्रतिष्ठा कैसी है। यह कैसा आदमी है, आपको यह सब Google और सोशल मीडिया के माध्यम से मिल जयेगा|

फिर तय करें कि आप किस म्यूचुअल फंड में निवेश करेंगे...

हम अगले अध्याय में शेयर बाजार में निवेश के प्रकारों पर चर्चा करेंगे।

10

शेयर बाजार - निवेश के प्रकार

शेयर बाजार में निवेश कई प्रकार के होते हैं लेकिन मूल रूप से ये पांच प्रकार सबसे लोकप्रिय हैं

1. इंट्राडे ट्रेडिंग
2. स्विंग ट्रेडिंग
3. फ्यूचर एंड ऑप्शन ट्रेडिंग
4. अल्पावधि निवेश
5. लंबी अवधि का निवेश

ट्रेडिंग और निवेश दोनों एक ही हैं, लेकिन जब बहुत कम अवधि के निवेश के बारे में बात करते हैं तो इसे ट्रेडिंग कहा जाता है। जब हम छोटे / दीर्घकालिक निवेश के बारे में बात करते हैं तो हम उसे निवेश कहते है।

इंट्राडे ट्रेडिंग

इसमें आप एक ही दिन में एक स्टॉक खरीदते हैं और उसी दिन उसे बेचते भी हैं, जिसे हम इंट्राडे ट्रेडिंग कहते हैं, मूल रूप से, इंट्राडे ट्रेडिंग तकनीकी विश्लेषण के माध्यम से की जाती है, ताकि ट्रेडर देखते ही अपनी स्थिति को स्क्वायर कर ले नफा निकल ले।

स्विंग ट्रेडिंग

इसमें आप एक ही समय पर एक स्टॉक खरीदते हैं और उसी समय बेचते भी हैं, मूल रूप से, यह मिनट या सेकंड में काम करता है। जिसे हम स्विंग ट्रेडिंग कहते हैं। साथ ही स्विंग ट्रेडिंग पूर्ण तकनीकी विश्लेषण या मूल्य क्रिया चार्ट के साथ की जाती है।

फ्यूचर एंड ऑप्शन ट्रेडिंग

फ्यूचर्स और ऑप्शंस दो डेरिवेटिव इंस्ट्रूमेंट हैं जहां व्यापारी एक पूर्व-निर्धारित मूल्य पर एक अंतर्निहित संपत्ति खरीदते या बेचते हैं। यदि कीमत बढ़ती है, तो व्यापारी लाभ कमाता है, और यदि यह गिरता है, तो व्यापारी हानि दर्ज करता है।

सरल भाषा में समझें इसमें आप एक प्रकार का भुगतान करते है थोक व्यापारी को प्रीमियम का, कल आप मुझे 2 क्विंटल आलू आज के भाव 20 रुपये की दर से कल दे देना मैं आपको १०% एडवांस/ प्रीमियम दे देता हु, यदि आप उसे 10 प्रतिशत का प्रीमियम दे रहे हैं तो उसे 2 क्विंटल के लिए 400 रुपये का भुगतान करना होगा, तो आपने थोक व्यापारी को 400 रुपये दिए,

लेकिन अगर कल आलू की कीमत 30 रुपये हो जाती है तो आप आलू लेंगे या नहीं?

और कल आलू का भाव 10 रुपये हो गया तो आलू लेंगे या नहीं?

आइए इसका पता लगाएं

मान लीजिए कल आलू की कीमत 30 होगी तो मैं आलू ले लूंगा क्योंकि मैंने पहले ही 20 की दर से 2 क्विंटल आलू बुक कर लिया है।

तो आज 2 क्विंटल आलू की कीमत कितनी हुई?

200x30 = 6000

लेकिन मैंने उन्हें 20 की दर से देने के लिए एक प्रीमियम का भुगतान किया था, तो आलू लेने के लिए मुझे कितना भुगतान करना होगा?

200x20 = 4000

4000-400 = 3600 मैं 3600 का भुगतान करके 2 क्विंटल आलू ला पाऊंगा, इससे मुझे थोक पर ही 2000 का सीधा लाभ मिलता है। क्युकी आलू का मार्किट रेट तो अभी 30 रुपये है|

लेकिन क्या होगा अगर आलू की कीमत आज 10 रुपये होती तो?

देखिए, इसमें एक साधारण सा कैलकुलेशन कीजिए, अगर यह 10 रुपये होता तो 2 क्विंटल आलू का 2*10*100 = 2000 होता

लेकिन मैंने उसे पहले ही 400 पहले ही एडवांस किया जिससे मुझे कल वो 20 रूपये के रेट से ही आलू दे|

तो अब आप मुझे बताएं कि आप 2000 में 2 क्विंटल आलू लेते हैं या 4000 में लेते हैं, क्योंकि यह हम प्रीमियम के बारे में बात करते हैं, तो हमने 20 रुपये के बारे में बात की, जिससे मेरा प्रीमियम समाप्त हो गया।

फ्यूचर्स और ऑप्शंस में भी ऐसा ही होता है, हम पहले प्रीमियम का भुगतान करते हैं, अगर स्टॉक की कीमत नीचे जाती है, तो हमारा प्रीमियम नीचे चला जाता है और हम नुकसान बुक करते हैं, लेकिन अगर यह ऊपर जाता है, तो हम पैसे कमाते है और निवेश से अधिक लाभ कमाते हैं।

और यह मौलिक और तकनीकी विश्लेषण दोनों द्वारा किया जाता है

इसे हम अगली किताब में और गहराई से समझेंगे।

शॉर्ट टर्म निवेश

इसमें आप कोई शेयर खरीदते हैं और उसे दो दिन से लेकर छह महीने तक रखते हैं तो इसे शॉर्ट टर्म ट्रेडिंग या निवेश कहते हैं। और शॉर्ट ट्रेडिंग मौलिक और तकनीकी विश्लेषण दोनों द्वारा की जाती है।

लंबी अवधि का निवेश

इसमें आप एक स्टॉक खरीदते हैं और उसे छह महीने से लेकर किसी भी साल तक रखते हैं, तो इसे लॉन्ग टर्म इन्वेस्टमेंट कहा जाता है और लॉन्ग टर्म इन्वेस्टमेंट फंडामेंटल एनालिसिस द्वारा ही किया जाता है।

हम अगले अध्याय में लंबी अवधि के निवेश पर चर्चा करेंगे।

11

लंबी अवधि का निवेश

मूल रूप से, लोग लंबी अवधि के लिए लोकप्रिय ये दो शेयरों के प्रकार में निवेश करते हैं।

1. पेनी/मल्टीबैगर स्टॉक्स
2. ब्लू चिप स्टॉक्स

पेनी/मल्टीबैगर्स स्टॉक्स

एक पैनी स्टॉक की कोई परिभाषित सैद्धांतिक परिभाषा नहीं है। हालांकि, इस क्लब में सिंगल डिजिट या 10/20 रुपये से कम में ट्रेडिंग करने वाले शेयरों को रखा जाता है, यह एक माइक्रो/स्मॉल कैप कंपनी होती है, जो नई या पुरानी हो सकती है, जो भविष्य में बढ़ेगी। ऐसा करने वाली कंपनियां हैं, अगर कोई नई स्मॉल-कैप कंपनी है, तो उसका अंकित मूल्य सीधा करने में समान होगा, लेकिन अगर कंपनी पुरानी है तो कंपनी को कुछ प्रमुख मुद्दों का सामना करना पड़ रहा होगा जिसके कारण उनका अंकित मूल्य काम हुआ होगा|

पेनी स्टॉक्स में निवेश करना भी थोड़ा रिस्क है, लेकिन एक बात जरूर है बिना रिस्क नो इश्क, इसी वजह से आज हम वारेन बफे, राकेश झुंझुन वाला या आदि जानते हैं, वैल्यू इन्वेस्टमेंट ठीक है लेकिन अगर आप पेनी स्टॉक्स में वैल्यू इन्वेस्ट कर रहे हैं, तो यह निश्चित रूप से भविष्य में एक मल्टीबैग्गेर बन जाएगा।

ब्लू चिप स्टॉक्स

इसमें ऐसी कंपनियां हैं जिनका मार्केट कैप ऊंचा होता है और जिस कंपनी को डूबने का डर नहीं होता है, इन कंपनियों ने वर्षों से अपनी वृद्धि, बिक्री, लाभ मार्जिन आदि को बनाए रखा है। और यह एक ब्रांड होते है।

जैसे- ITC, INFOSYS आदि।

लेकिन अगर मैं इसके प्रॉफिट की बात करूं तो आपको इस कंपनी से 10 से 20% रिटर्न मिल सकेगा लेकिन अगर हम पेनी स्टॉक्स की बात करें तो यहां आपको अनलिमिटेड रिटर्न मिल सकता है।

हम अगले अध्याय में मूल्य निवेश पर चर्चा करेंगे।

12

मूल्य निवेश

मूल्य निवेश अधिक चीजों पर निर्भर करता है।

मूल्य निवेश के बारे में बात करने से पहले, मैं अपने लिए सबसे अच्छा स्टॉक कैसे खोजू? इसे कहां खोजू? इसके बारे में जानते है। मूल्य निवेश के लिए किसी भी स्टॉक को खोजने की अवधारणाएं यहां

दी गई हैं।

ESC / CSE अवधारणा।

ई- अर्थव्यवस्था

एस- सेक्टर/उद्योग

सी- कंपनी

हम नीचे से ऊपर जा सकते हैं, या हम ऊपर से नीचे आ सकते हैं ऊपर से।

ESC- जैसे अगर हमें कोई मूल्यवान स्टॉक खोजना है, तो हम पहले अर्थव्यवस्था को देख सकते हैं, वर्तमान अर्थव्यवस्था कैसी है, उसके बाद हम इस क्षेत्र की जांच कर सकते हैं कि वर्तमान अर्थव्यवस्था के अनुसार कौन सा क्षेत्र बढ़ सकता है, तो उसमे कोई कुछ अच्छा दिख सकता है जो सेक्टर की कंपनियां जो उस सेक्टर में अच्छा प्रदर्शन कर रही हैं, और अगर वह कंपनी मौलिक रूप से स्थिर है, तो आप उसमें पैसा लगा सकते हैं।

CSE - अगर सीएसई की बात करें तो पहले हम एक स्क्रिनर की मदद से मौलिक रूप से मजबूत कंपनियों को देखते हैं, फिर इसके सेक्टर को देखते हैं कि आगे बढ़ेगा या नहीं, फिर हम अर्थव्यवस्था देखते हैं, कंपनी अर्थव्यवस्था में बढ़ेगी या नहीं .

इसे डाउन टू अप अप्रोच कहा जाता है।

मूल रूप से बड़े-बड़े मूल्य के निवेशक डाउन-टू-अप दृष्टिकोण का पालन करते हैं, यहां तक कि मैं भी उसी डाउन-टू-अप दृष्टिकोण का पालन करता हूं, यह आपको किसी भी कंपनी / स्टॉक को खोजने में अधिक समय नहीं लगता है। या पहचानने में।

अब बात करते हैं कि कैसे करना है? अगर मैं एक खोजना चाहता हूँ मौलिक रूप से मजबूत कंपनी? यह बहुत सरल है। आप इसपे जितना जोर देंगे। यह उतना ही कठिन होता जाएगा और आप कुछ नहीं कर पाएंगे

तो जारी रखने के लिए मेरी भाषा में समझें। देखिए हर कंपनी का प्रोडक्ट अलग-अलग होता है। कोई किसी उत्पाद को लाखों में बेचता है तो कोई उसे 1रूपये में भी बेचता है और कुछ अपनी सेवा बेचते हैं। किसी भी शेयर में निवेश करने से पहले उसके लिए बहुत जरूरी है

आप उस कंपनी को जानते हो, कंपनी क्या करती है? उनका मुख्य उत्पाद/सेवा क्या है? और कंपनी राजस्व कैसे कमाती है?

प्रमोटर के (प्रमोटर का अर्थ है- किसका यह बिजनेस आइडिया है, उनका कंपनी में कितना स्टॉक/होल्डिंग है) कितनी होल्डिंग है? - यह उनके लिए न्यूनतम 20 से 30% की आवश्यकता है।

कंपनी का बिक्री और लाभ अनुपात क्या है? कंपनी का 5 साल का रेवेन्यू और प्रॉफिट में दिख रही हैं? अगर कंपनी पैसा कमा रही है, तो क्या वह पैसा बचा पा रही है या नहीं?

कंपनी में लिक्विडिटी कैसी है? अगर मैं अपना स्टॉक बेचता हूं, तो मुझे अपना स्टॉक बेचने में कितना समय लगेगा?

आदि।

तो आप इस सब को चेक करने के लिए एक स्क्रेनर का इस्तेमाल कर सकते हैं, इसमें आपको इस सिंपल फिल्टर का इस्तेमाल करना होगा।

1) वित्तीय उत्तोलन

(कुल ऋण 0 या कंपनी मूल्यांकन के अनुसार बहुत कम)। कंपनी कर्ज मुक्त हो ताकि वह दिवालिया न हो जाए।

2) कंपनी की तरलता

(करंट एसेट/करंट लायबिलिटीज>1.50) इसका मतलब यह होगा कि जब कोई बड़ा नुकसान होने वाला हो, तो आपको कंपनी से बाहर निकलने में ज्यादा समय नहीं लगेगा और आप बिना नुकसान के बाहर निकलने में सक्षम होंगे।

3) आय में वृद्धि

(पिछले 5 वर्षों के लिए सकारात्मक आय वृद्धि) कंपनी का आय वृद्धि के 5 वर्षों को देखना होगा

4) मूल्य से आय अनुपात

(पी/ई अनुपात <_9 होना चाहिए जो कंपनियां ईपीएस से कम कीमतों पर बेचती हैं, उनका अक्सर कम मूल्यांकन किया जाता है जिसका अर्थ है मूल्य बढ़ना चाहिए

8) प्राइस टू बुक रेश्यो

(पी/बी <1.20) 1.20 से कम के मूल्य-से-बुक मूल्य (पी/बीवी) अनुपात वाली कंपनियां। पी/बी अनुपात की गणना कंपनी के मौजूदा शेयर मूल्य को नवीनतम बुक वैल्यू प्रति शेयर से विभाजित करके की जाती है। बुक वैल्यू कंपनी के अंतर्निहित मूल्य का एक अच्छा संकेत प्रदान करती है।

6) लाभांश(Dividend)

उन कंपनियों में निवेश करें जो वापस देती हैं (लाभांश यील्ड> 0)। एक सिद्धांत जिसका वारेन बफेट बारीकी से पालन करते हैं। लाभांश का भुगतान करने वाली कंपनियां आपको एक निष्क्रिय आय बनाने में मदद करेंगी। पर्याप्त...

अब इसके बाद आप CSE को फॉलो कर सकते हैं।

कंपनी को देखो।

उस क्षेत्र को देखें जो का प्रतियोगी है

कंपनी, जिसमें वह कंपनी से आगे या पीछे हो। e.t.c अब अर्थव्यवस्था को देखें कि क्या कंपनी इस अर्थव्यवस्था में विकास कर पाएगी, क्या भविष्य में कंपनी का कोई भविष्य है या नहीं। वगैरह

किसी भी स्टॉक को चुनने से पहले आपको कंपनी के मालिक की तरह सोचना होगा, क्योंकि जब आप कंपनी में निवेश करते हैं तो आप जितने शेयर खरीदते हैं उतने प्रतिशत कंपनी के मालिक बन जाते हैं। इसलिए स्टॉक या कंपनियों को चुनने में कभी भी संकोच न करें, केवल कल्पना करें और स्टॉक को स्पष्ट रूप से देखने के बाद चुनें, क्योंकि यही एकमात्र निर्णय है जो आपको वॉरेन बफे बना सकता है या यह आपको डूबा सकता है।

इसलिए, अगले अध्याय में, मैं आपके साथ एक मूल्य निवेश चेकलिस्ट साझा कर रहा हूं। जहां से आप किसी भी कंपनी को चेकलिस्ट के माध्यम से क्लियर-क्लीयर जाँच कर सकते हैं, जिससे आपके लिए

स्टॉक चुनना आसान हो जाएगा और आप निवेश कर सकते हैं (अपने जोखिम पर ही फैसला करे क्युकी वित्त और निवेश बाजार जोखिम के अधीन हैं)

13
जांच सूची

किसी भी स्टॉक या कंपनी में निवेश करने से पहले इन बातों को ध्यान में रखें|

यह चेकलिस्ट लॉन्ग-टर्म/पेनी/मल्टी-बैगर या शॉर्ट-टर्म निवेश के लिए काम करती है।

1. कंपनी की गुणवत्ता रेटिंग
2. बिक्री और लाभ
3. कुल ऋण
4. कंपनी की तरलता
5. आय वृद्धि
6. कीमत से कमाई का अनुपात
7. मूल्य-से-पुस्तक अनुपात
8. लाभांश
9. प्रमोटर होल्डिंग
10. कंपनी के मुख्य उत्पाद/सेवाएं पहचान
11. उद्योग जांच
12. कंपनी प्रतियोगी जाँच
13. कंपनी की अर्थव्यवस्था की जाँच

14. अब अपने दिमाग पर विचार करें, कंपनी अगले 5 वर्षों में कहां होगी?आप आने वाले वर्षों में कहां देख रहे हैं? इस कंपनी का भविष्य क्या है? (पहले के अध्याय के साथ मैंने पहले से ही बताया है, आप उसी अनुपात के अनुसार काम कर सकते हैं।)

यदि आपने इन विषयों का मिलान किया है और इन सवालों के नरम उत्तर हैं, तो आपको वह स्टॉक मिल गया है जो आपको अगला वॉरेन बफे बना सकता है। मैं चाहता हूं कि आप अपने जीवन में उठें, और अपने आसमान को छूएं।

इस पुस्तक को पढ़ने के लिए धन्यवाद। किसी भी किताब को पूरा करना हमेशा बहुत कठिन होता है। तो अगर आपने इस किताब को पूरा कर लिया है।

तो बधाई हो, आप निवेश के अगले स्तर पर हैं।
भगवान आपको अपने जीवन या अपने निवेश में वृद्धि करने में मदद करें।
आप हमारी साइट पर जा सकते हैं:- Deepinvesting.net
आप हमारे YT चैनल से भी जुड़ सकते हैं:- Deep Investing
-The School of Investing.
Follow Us on Facebook - DeepInvesting
https://www.facebook.com/deepinvesting
Follow me on Instagram:- TheArya_Raz
https://www.instagram.com/thearya_raz/

धन्यवाद

आप से मिलकर अच्छा लगा।